"海洋地质九号"科考船科普丛书

大海航行
——"海洋地质九号"科考船

DAHAI HANGXING
——HAIYANG DIZHI JIU HAO KEKAO CHUAN

主　编：张晓波　田中法
副主编：詹　鋆　张玉玺

图书在版编目(CIP)数据

大海航行:"海洋地质九号"科考船 / 张晓波,田中法主编;詹鋆,张玉玺副主编. — 武汉：中国地质大学出版社,2024.12. — ("海洋地质九号"科考船科普丛书). — ISBN 978-7-5625-6049-4

Ⅰ. U674.81-49

中国国家版本馆 CIP 数据核字第 2025HN8262 号

大海航行——"海洋地质九号"科考船

张晓波　田中法　主　编
詹　鋆　张玉玺　副主编

责任编辑:舒立霞	选题策划:舒立霞　张瑞生	责任校对:何澍语

出版发行：中国地质大学出版社(武汉市洪山区鲁磨路388号)　　邮编:430074
电　　话:(027)67883511　　传真:(027)67883580　　E-mail:cbb@cug.edu.cn
经　　销:全国新华书店　　http://cugp.cug.edu.cn

开本:787mm×960mm　1/16　　字数:98千字　　印张:5
版次:2024年12月第1版　　印次:2024年12月第1次印刷
印刷:湖北睿智印务有限公司
ISBN 978-7-5625-6049-4　　定价:46.00元

如有印装质量问题请与印刷厂联系调换

《大海航行——"海洋地质九号"科考船》
编委会

总 策 划：吴能友

主　　编：张晓波　田中法

副 主 编：詹　鋆　张玉玺

编委成员：（按姓氏笔画排序）

　　　　　苏肖亮　李　倩

　　　　　赵国锋　姬建通

《大海航行——"海洋地质九号"科考船》
编委会

总 策 划：吴能友

主　　编：张晓波　田中法

副 主 编：詹　鋆　张玉玺

编委成员：（按姓氏笔画排序）

　　　　　苏肖亮　李　倩

　　　　　赵国锋　姬建通

序

"海洋地质九号"科考船科普丛书

    "海洋地质九号"科考船隶属于自然资源部中国地质调查局青岛海洋地质研究所,是"海洋地质保障工程配套装备项目"的主要建设内容之一。该项目由中国地质调查局统一组织,于2009年3月3日启动,2013年2月18日经国家发展和改革委员会批复立项,2014年8月5日可行性研究报告获批。

    "海洋地质九号"科考船由中国船舶集团有限公司第七〇一研究所负责设计,2015年10月28日在上海船厂船舶有限公司崇明基地正式开工建造,2017年12月28日在青岛正式入列。从准备立项到建成入列,历时近9年,它凝聚了青岛海洋地质研究所自1979年恢复重建以来几代人的夙愿。

    2005年"业治铮"号近浅海综合海洋地质调查船(现"海洋地质七号"船)建成下水,青岛海洋地质研究所拥有了自己真正意义上的调查船,但走向深海一直是海地人①的追求与梦想。当"海洋地质九号"科考船以崭新的面貌停靠在青岛时,几代海地人心中充满激动,胸中豪情激荡。海浪拍打船舷的欢快声响,仿佛在倾诉着人们内心的激动与豪情。

    "海洋地质九号"科考船承载着几代海地人探索大洋、逐梦深蓝的美好愿景。设计团队在确保船舶先进性和安全性的同时,赋予了它更多的科考功能,使其成为我国首艘同时具备专业二维多道地震调查功能与综合地质地球物理调查功能的科考船。

    该船可以在5节(约9.3km/h)航速时拖带双震源共6子阵列最大容量9000in³(1000in³≈0.0164m³)气枪震源和1根12km或2根8.5km的地震采集电缆,这一配置足以穿透海底以下10km深的地层。同时,它配备了船载深水单波束、多波束、浅地层剖面、声学多普勒流速剖面仪,以及万米钢缆绞车、万米光电复合缆绞车和A型架等辅助调查设备,还可搭载侧扫声呐、单道地震、海洋重力、海

---

① 指青岛海洋地质研究所自建所以来的所有干部职工。

洋磁力、声学深拖、温盐深仪等物探和水文设备，以及 ROV、AUV、ARV 等水下机器人，能够开展各种类型的海水取样、海底地质取样工作。可以说，"海洋地质九号"科考船具备从海水到海底表层、海底浅部地层和海底中深部地层的综合探测能力。此外，它在节能、环保、减震降噪、电磁兼容等方面表现出色，为调查工作提供了良好的水声环境，也为船员和科考人员提供了舒适的工作生活环境。

海洋覆盖地球表面大部分区域，蕴藏着丰富资源和众多科学奥秘。海洋地质调查涵盖海洋沉积、海洋地貌和海底构造调查等，是海洋矿产资源勘查开发和海洋科学研究最重要的基础性工作。"海洋地质九号"科考船的建造是为了有力推进海洋地质保障工程的实施，其船名、功能以及使命都围绕"海洋地质"展开。

进入 21 世纪，随着世界人口增加、人类生存环境恶化、陆地资源过度消耗和海洋开发技术快速进步，世界各国在生存、发展和安全方面对海洋的需求日益增大，海洋的战略地位和经济地位急剧上升，人类对海洋愈发青睐和倚重，越来越多的科学家将目光投向海洋。

为贯彻落实习近平总书记"关心海洋、认识海洋、经略海洋"的重要讲话精神，青岛海洋地质研究所组织热爱海洋、长期奋战在海洋科考一线的科研人员精心编撰了"'海洋地质九号'科考船科普丛书"。该丛书分为《大海航行——"海洋地质九号"科考船》《探秘深海——"海洋地质九号"探测技术》《逐梦深蓝——"海洋地质九号"深海探宝》3 册。

这套丛书将复杂的科学理论转化为通俗易懂的语言，把枯燥的数据图表变为生动有趣的故事，系统介绍了大洋科学考察船、深海探测装备与技术，展示了海底蕴藏的宝藏，讲述了海洋科考背后航海人的故事，传播了海洋人拼搏奋发的精神风貌，能让读者轻松走进海洋科考的世界，感受其独特魅力。

我们希望这套丛书不仅能传递知识，更能激发读者对海洋科考的兴趣和好奇心。我们相信，通过科学普及，能够培养出更多海洋科学爱好者乃至未来的科学家，共同为保护"蓝色星球"贡献力量。诚挚欢迎广大读者在阅读过程中提出问题和建议，我们将不断改进，为大家提供更优质的科普内容。

最后，感谢所有参与丛书编写的专家学者，感谢支持和推广丛书的每一位读者。让我们一起启航，探索海洋奥秘，见证科学奇迹。

青岛海洋地质研究所所长

2024 年 6 月

前　言

"海洋地质九号"科考船科普丛书

　　海洋覆盖了地球大约71%的面积,现代科学研究结果表明海洋是一个蕴含着大量生物资源、矿产资源、海水化学资源、动力资源的巨大资源库,是人类未来发展的重要依托。海洋科考船就是科学家探索海洋奥秘、开展海洋科学研究、开发海洋资源的重要工具。我国海洋科学研究起步时间晚,但发展较快,已逐步从过去的跟跑阶段进入并跑阶段,这与我国海洋科考船的快速发展有着密切的关系。

　　海洋科考船作为高端海洋装备的典型代表,具有技术要求高、建造难度大、个性化需求多等特点,对设计、建造都有着较高的要求。"海洋地质九号"科考船就是在国家工业水平和海洋科学共同大发展的背景下应运而生的深远海科考"国之重器",它的建造成功展现了我国在海洋科考船设计、建造上的高水平、高质量和高标准,"海洋地质九号"科考船的入列并开展全球海洋调查作业也是青岛海洋地质研究所践行国家海洋强国战略的重要步伐。

　　"海洋地质九号"科考船是目前国内唯一一艘同时具备专业地震调查与综合地质地球物理调查功能的全球无限航区科考船。它配备有先进的电力推进系统、通信导航信息化系统、生活保障系统,是我国为数不多的深远海科考"利器"之一。此外,"海洋地质九号"科考船配备了满足科考人员工作生活所需的设备设施,如卫星电视、卫星通信网络、健身房、KTV娱乐间等。

　　全书分为4章,第1章由詹鋆撰写,第2章由姬建通撰写,第3章由赵国锋撰写,第4章由苏肖亮撰写,本书是编写组集体劳动的结晶。同时还要感谢"海洋地质九号"科考船全体船员同志,是他们的专业工作和辛苦付出保证了"海洋地质九号"科考船的安全航行,向他们表示敬意!

编　者
2024年6月

目 录

"海洋地质九号"科考船科普丛书

1 "海九"简历 ··· (1)
   1.1 嗨,我是"海九" ·· (2)
   1.2 科考船分类 ··· (3)
   1.3 "海九"的定位 ·· (6)
   1.4 海上游历 ·· (7)

2 "海九"容貌 ··· (9)
   2.1 庞大如我 ·· (10)
   2.2 水上外观 ·· (15)
   2.3 水下真容 ·· (18)

3 走进"海九" ··· (21)
   3.1 通信中心(罗经甲板) ·· (22)
   3.2 指挥中心 ·· (24)
   3.3 动力中心(强有力的"心脏") ································· (34)
   3.4 工作中心 ·· (43)

4 海上生活 ·· (53)
   4.1 帅气的服装 ··· (54)
   4.2 食为天 ··· (58)
   4.3 海景房 ··· (60)
   4.4 娱乐与健身 ··· (65)
   4.5 软件设施 ·· (67)
   4.6 人文生活 ·· (69)

1

"海九"简历

 大海航行——"海洋地质九号"科考船

1.1 嗨,我是"海九"

大家好,我的名字叫"海洋地质九号",我是一艘科考船,你也可以叫我的小名"海九",这是我的照片(图1-1),你看我漂亮吗?

图1-1 "海洋地质九号"科考船

其实,我可不是孤单的一个人,我有好多兄弟姐妹,我们一起组成了"海洋地质"大家族。他们分别是"海洋地质二号""海洋地质四号""海洋地质六号""海洋地质七号""海洋地质八号""海洋地质十号""海洋地质十二号""海洋地质十七号""海洋地质二十号""海洋地质二十六号"。

其中"海洋地质七号"和我的关系最好,我们都住在青岛,别看他个头不大,他可是我的"老大哥"呢。我和我的"兄弟姐妹们"之所以都是"海洋地质"大家族,是因为我们都属于中国地质调查局,我们有一个共同的使命,那就是探索海洋地质的奥秘。

我和"海洋地质七号"的所有权都归属于青岛海洋地质研究所,那里就是我们的家。家里有很多厉害的科学家、船员,我会和他们一起起航,前往广阔的大海,探索浩瀚的海底之下有趣的、有价值的秘密。我饿了,家里就会有人给我送来柴油,柴油装进"肚子"里,我就有了无穷无尽的动力;我不舒服了,家里就会找人来

· 2 ·

帮我检查身体,换一换身上那些坏掉的零件,我就又能正常运转了;台风来了,我就会载着大家和那些珍贵的仪器去安全的港湾避风。我们这一大家子,和谐共处,有困难一起扛,有欢笑一起分享,虽然经历过风风雨雨,但是很幸福。

"海洋地质九号"科考船是 2017 年 12 月正式入列的,别看我年纪不大,但我的来头可不小。我是由中国船舶集团有限公司第七〇一研究所设计、上海船厂船舶有限公司建造的。

2016 年 4 月,上海船厂船舶有限公司正式动工,开始建造"海洋地质九号"船;2017 年 2 月,"海洋地质九号"船体外壳建造完毕,出坞下水;2017 年 11 月,"海洋地质九号"船正式建造完成,出厂;2017 年 12 月,"海洋地质九号"船正式入列,成为青岛海洋地质研究所大家庭中的一份子。

1.2 科考船分类

科考船,是指用于承担海洋水文学、地质学、气象学、生物学等科学考察任务的船舶。按照用途,它可以分为很多种,不同的科考船上搭载着不同的科学考察设备,可以实现不同的科学功能。海洋科考船经过 60 多年的发展,已经形成了非常完善的海洋调查船体系。

现代海洋科学考察船的分类方法较多,按船型分,有单体型、双体型和特殊型。目前已有的科学考察船主要以单体型为主,也有少量双体型,比如"沈括"号(图 1-2)、"实验 1"号。

图 1-2 双体科考船:"沈括"号

按航行和作业能力分,有全球级、大洋级、区域级和近岸级。不同航行级别的科考船最直观的区别就是尺寸不同,全球级的科考船远比近岸级科考船大。全球级的科考船需要更大的内部空间,用来携带更多的燃料、食物和水,以保证科考船在全球航行时拥有更远的续航力。海九的老大哥"海洋地质七号"(图 1-3)就是一艘区域级科考船,作业区域为"A1＋A2"①,长期在中国东海、黄海、渤海海域执行科考任务。

图 1-3 "海洋地质七号"

按作业性质分,分为综合调查船、专业调查船和特种调查船。其中综合调查船是指配备有多种调查设备,可同时观测和采集海洋水文、气象、物理、化学、生物和地质基本资料及样品的海洋调查船,能在船上初步开展数据整理分析、样品鉴定等综合研究;专业调查船是指任务单一、专业指向性较强的海洋调查船,常见的有地球物理调查船、水声调查船、渔业调查船(图 1-4)、气象调查船,以及航道调查船、浮标调查船等;特种调查船有大洋钻探调查船(图 1-5)、极地科考调查船、航天调查船、深潜器调查船(图 1-6)、海洋考古调查船等。

大家知道"海洋地质九号"科考船是什么类型的科考船吗？对了,它采用的是单船体构造,是一艘具有全球航行能力的综合海洋地质调查船。

---

① A1 海区是以指定海岸电台为圆心、半径 25n mile(1n mile≈1.852km)圆弧内的水域。A2 海区覆盖 A1 海区以外、半径 100n mile(部分区域为 50n mile 或 70n mile)的扩展水域。

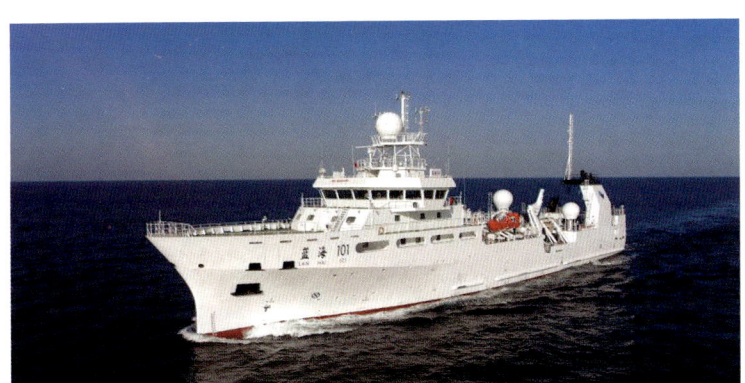

图 1-4 渔业调查船:"蓝海 101"号

图 1-5 大洋钻探调查船:中国"梦想"号

图 1-6 深潜器母船:"深海一号"

1.3 "海九"的定位

"海九"是一艘功能强大的海洋综合地质调查船,它的任务是服务于国家海洋地质调查。辽阔海洋隐藏着无数的奥秘,在浩瀚的海底之下,就蕴含着大量的资源,包括石油、天然气(图1-7)、固体矿产(图1-8)等,这些资源是国家的重要财富。资源勘查和开发,与国家的能源安全和国家利益紧密相关。要开发这些资源,必须开展海洋地质调查工作。

在这个背景下,"海九"这样一艘海洋地质调查的"好手"就应运而生了。"海九"配置有多道地震采集系统、海洋重力仪、海洋磁力仪及其他地球物理调查设备(单波束及多波束测深仪、侧扫声呐仪、浅地层剖面仪),能够满足海洋区域地质调查和矿产资源调查工作的需要。有了"海九",我们就可以对海底的地质状况进行勘查,寻找海洋矿产资源。

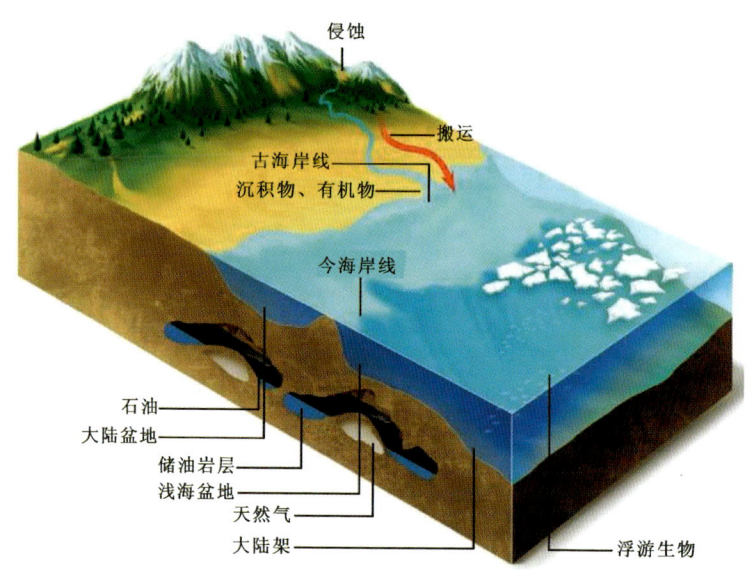

图1-7 海底油气资源示意图

图 1-8　海底固体结核矿产

 ## 1.4　海上游历

"海九"从 2017 年 12 月入列以来,就积极投入我国的海洋地质调查事业中,频繁出现在我国的渤海、黄海、东海、南海等海域。不仅如此,它还走出国门,远赴西太平洋和印度洋,在遥远的深海大洋留下了自己的足迹(图 1-9)。

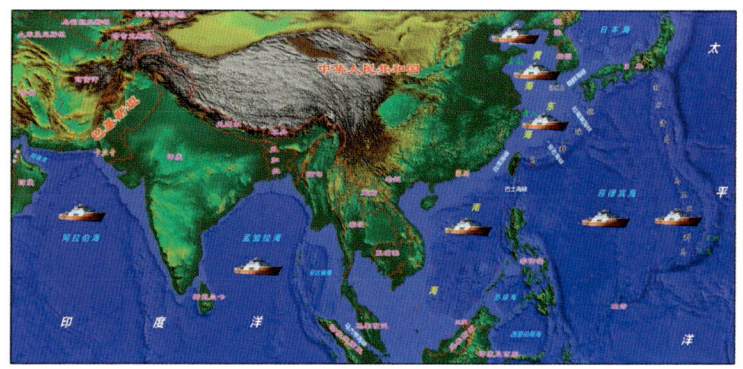

图 1-9　"海九"的足迹

截至 2021 年 8 月,"海九"已经航行超过 12 万 n mile,也就是约 22.2 万 km,相当于沿着赤道绕了地球 5.5 圈。

2

"海九"容貌

2.1 庞大如我

"海九"全长 87.07m，船宽 17m，最大吃水深度 5.8m，船舶龙骨以上最大高度为 39.46m，总吨位为 5178，可抵抗最大风力 9～10 级（图 2-1）。全船有 4 台功率可达 1700kW 的主发电机组，主推进器功率为 4800kW。"海九"全船满载配员 60 人，最大设计航速为 15kn[①]，自持力可达 60d 以上，而续航能力则能达到 10 000n mile 以上。

图 2-1 "海洋地质九号"在舟山锚地

2.1.1 船舶尺寸、吨位

船舶吨位是表示船舶大小和运输能力的标识，分为容积吨位和重量吨位两大类。容积吨位是专门为船舶登记而规定的一种以"吨"计算的丈量单位，每吨

---

① kn，节的单位符号（英文：knot），是一个专用于航海的速率单位，后延伸至航空方面，相当于船只或飞机每小时所航行的海里数，1kn=1n mile/h=1.852km/h=0.514 444m/s。

相当于 2.83m³ 的容积,这是世界各国通用的船舶统计单位,能反映船舶规模大小,用途较广。重量吨位是指船舶在水中排开同体积水的重量,可直观表示出船舶的载重运输能力。从船舶性质上看,"海九"是科考船而非运输船,载重运输能力不是它的主要考量指标,因此它的大小通常用容积吨位中的净吨位和总吨位来表示。

目前世界上吨位最大的一类船舶是超级油轮,又称 ULCC(ultra large crude carrier)(图 2-2),最大载重吨可达 60 万 t。而超大型集装箱船(图 2-3),船长可达 400m,宽度可达 62m,总载重吨可达 20 万 t 以上。如果把"海九"(图 2-4)和它们放在一起,就显得很娇小,但是"海九"是科考船舶,它的功能性并不完全体现在船舶尺寸上,而是体现在科学调查的手段和能力上。综合来看,我国深远海综合科考船的总吨位普遍集中在 2500~5000 区间,总吨位达到 5178 的"海九"绝对是科考船中的佼佼者,2017 年 11 月下水时,它算是国内最大的综合海洋调查船之一。

图 2-2 超级油轮(ULCC)

图 2-3 超大型集装箱船

图 2-4 青岛奥帆中心夜色下的"海九"

2.1.2 船舶长宽比

水面舰船的外形尺寸有最大长度、型宽、型深、设计水线长和设计水线宽等。舰船设计时将设计水线的长宽比(L/B)作为船型的一个参数来表达舰船的瘦长度。对于高速舰船,取较大长宽比可减少舰船航行时的阻力,以提高航速或减小对主机的功率需求等,对舰船机动性有利。若为了加大长宽比而增加船长,船体的纵向结构设计势必需要加强,从而导致舰船自重增加。若为此而减小船宽,有可能导致舰船稳定性下降。20 世纪下半叶以来,主船体提供可布置舱室的总容积多少成为舰船设计考虑的重要因素,而过分瘦长的船型常常不能满足可布置的总舱容要求。因此,舰船的长、宽和型深等主尺度,以及长宽比等船型参数的选定是系统考虑多种因素的结果。

"海九"船长宽比约为 5.1∶1,与普通的商船相比,长宽比相对比较合理,既满足船舶内部空间需求,又显得船体总体瘦长,看上去较为美观。这就使得"海九"在航行(特别是高速航行)时受到的水体阻力较小,因此船舶可以快速达到需要的速度,且航向稳定性比较好,可以使船舶较好地保持在所需的航向上。虽然因瘦长形状造成了"海九"的操纵性有一定的下降,但是"海九"为双车双舵加前后侧推且为可变螺距的船舶,因此无论是海上航行还是在进行科学考察作业时,都可以充分联合车、舵和侧推使用,很好地弥补了因船舶长宽比带来的操纵性能下降的缺陷。良好的操纵性能使得"海九"可以像车辆一样随时"前进"和"停车",甚至"倒车"。船上的动力定位 DP1 系统(图 2-5),更是可以将"海九"稳稳地定位在精度误差不超过 3m 的大洋上,为开展多种复杂的海洋调查工作提供了稳定性保障。

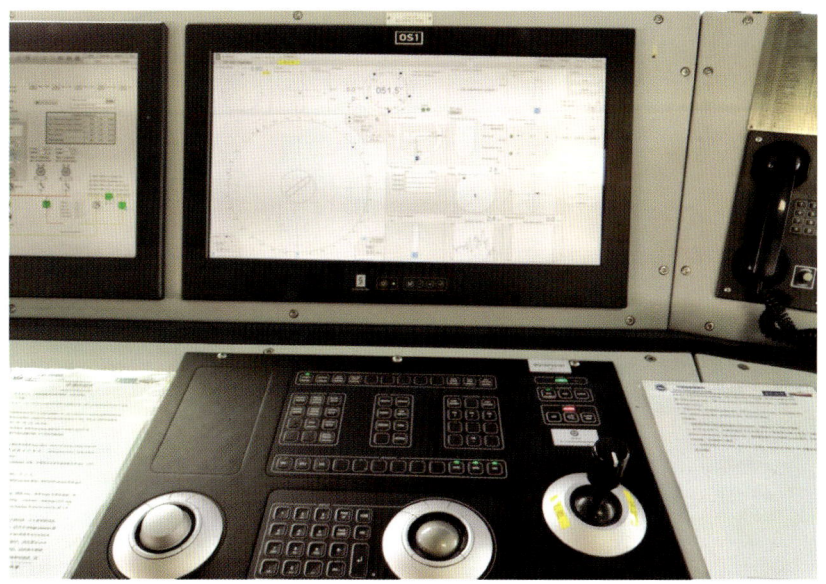

图 2-5 "海九"上的 DP1 动力定位站

2.1.3 续航能力及自持力

船舶的续航能力是指正常装载的船舶按照给定的速度一次出航所能达到的最大航程,它的单位是海里(n mile)。不同航速下的续航力也不相同,以经济航速下的续航力为最大。而自持力是指船舶在加满燃油、淡水、物料备件和食材等的情况下,在海上不需要额外进行补给的情况下,船员所能够维持生活的最长时间,以天(d)为单位进行计算。

"海九"作为我国国内先进的综合性海洋调查船舶,在建造设计之初,就充分考虑了执行远海科考任务甚至两极科考任务的需求。因此,设计建造人员对燃油舱、淡水舱、菜库、冷冻库等舱室进行了特别扩容设计,特别是淡水方面,"海九"有自己的海水淡化装置,每日最多可制造淡水20t左右。这些优异的硬件条件使得"海九"的续航能力能超过10 000n mile,自持力超过60d。以2021年西太平洋调查航次为例,"海九"2021年4月22日开航赶赴工作区作业(图2-6),2021年6月23日返回母港青岛,整个航次共计63d。这样的续航能力和自持力,可以使"海九"放开手脚在海上进行科学考察作业,而没有淡水和食物短缺的后顾之忧,为我国的海洋调查事业提供了强有力的保障。

图2-6 正在海上作业的"海九"

2.2 水上外观

"海九"自 2016 年开始建造,2017 年下水试航,整整用了 2 年时间,倾注了设计人员、监造人员的心血。"海九"船体设计极具美感,看上去有轻梭曲线之美感,船身整体线型流畅,入眼舒适,船壳通体橘红色,配搭上层建筑的白色,给人以强劲有力的感觉(图 2-7)。

图 2-7 "海九"侧视图

侧视来看,高度为六层的上层建筑生活区位于船体中间偏前位置,高大建筑的前面是直升机悬停平台,遇到紧急情况或必要时,岸上飞来的直升机可以悬停于此,从而进行人员的上下或物资投放。整个船首的最前端,立着一根高大的大桅(图 2-8)。这个大桅,不只是为了好看,它是"海九"的前大桅,与驾驶室顶的主大桅前后对应。前大桅也是"海九"的旗杆,在重大节日如国庆节时,全体科考队员会列队于直升机悬停平台,举行庄严的升国旗仪式(图 2-9)。

图 2-8 "海九"的大桅

图 2-9 升旗仪式

❷ "海九"容貌

"海九"的上层建筑包括在船舶甲板以上,自一舷伸至另一舷[①],或其侧壁自外板内缩不大于4%船宽的所有围蔽建筑物。如果不严格区分,可将上甲板以上的各种围蔽建筑物统称为上层建筑。上层建筑可用于布置各种生活舱室、实验室、驾驶室、厨房餐厅和科学研究装置室等,如驾驶室设置在船舶上层建筑的顶部,有利于扩大驾驶人员的视野。上层建筑还能增加船舶的储备浮力,艏楼可减少甲板上浪。此外,当上层建筑具有足够长度时,主船体加上上层建筑会构成一定高度和断面变化的船体梁,按其所在位置和长度大小,它可以全部或部分不同程度地参与主船体的总纵弯曲,这样可以提高船体的总纵强度。

在"海九"上层建筑的三层甲板两侧位置,对称分布着2个高约2.5m,长约12m的"凹洞",这个位置就是"海九"舷梯布置的地方(图2-10)。当"海九"停靠码头时,就可以把靠泊位一侧的舷梯通过滑车放出,方便人员上下船。如果低潮时码头高度高于两侧舷梯位置,舷梯就无法正常使用了,这时候就需要采用备选方案,把长度更长的岸梯放下来使用了(图2-10)。

图2-10 "海九"的左右舷梯

---

① 舷:又称船舷,是指船舶两侧连接船底和甲板的侧壁部分。从船艉向船艏看,在首尾线右边的部分习称右舷,在左边的部分习称左舷。

在船尾方向与直升机甲板同层的地方,就是"海九"的艇甲板,也是"海九"最上面一层的全通甲板(图 2-11)。在艇甲板,错落分布着一些设备,如物探艇、救助艇、救生筏、折臂吊等,这些设备为"海九"进行科学考察任务提供了强有力的支撑。在艇甲板的中间位置,用红黄线特殊规划了一个长方形的区域,这就是"海九"的集合点。在平时举行演习或发生突发情况时,所有科考队员都需要在最短时间内到集合点集合,根据演习或突发情况的性质和位置,采取相应的行动,来确保船舶的安全。

图 2-11 "海九"的艇甲板

2.3 水下真容

"海九"的最大吃水为 5.8m,即在我们视线看不到的水线以下,还有将近两层楼的高度,而这些看不到的地方,基本都在主甲板以下(图 2-12)。这些地方主要是发电机、推进设备、空压机设备、舵机设备等存在的位置。从船首往船尾看,依次分布着艏侧推、辅机舱、主发电机舱、震源空压机舱、推进电机舱、艉侧推、螺旋桨、舵叶等。有了这些"默默无闻"的设备,才给了"海九"强大的动力支撑,才让"海九"能无惧风浪,逐梦深蓝,才让"海九"能"下五洋捉鳖"。

图 2-12　暗红色部分为"海九"水线以下部分

船艏,是指船舶前端或近前端部分,在起到减少船身水中阻力、消减海浪冲击作用的同时,也是舰船重要的美学元素。从古至今,各式各样的船艏设计出现在舰船历史中,在体现现代科技进步的同时,也因迥异的造型,成为舰船识别和观赏的重点。

根据船舶的类型和用途的不同,船艏大致可分为直立型艏、前倾型艏、飞剪型艏、破冰型艏、球鼻型艏。球鼻型艏和前倾型艏是目前船舶建造上较为常见的两种船艏。如今最常见的船艏设计是前倾型艏,在舰船艏部呈直线前倾或微带曲线的前倾,与水面形成一定角度,可有效防止上浪,并且保护船艏水线以下部分不受损。这种设计较为常见,缺点是船舶航行中兴波阻力①较大。与前倾型艏同样被广泛应用的是球鼻型艏,将船艏水线下部位设计成类似球体的"大鼻子"造型,是20世纪中后期出现的艏型,能够有效减少兴波阻力,进而提高舰船的适航性和经

---

①　兴波阻力:船舶专业名词,是指船舶在水中航行时,由于船体掀起波浪,即船行波,产生与船舶前进方向相反的阻力,这就是兴波阻力。

济性,广泛应用于远洋船只的设计之中。

　　"海九"的船艏采用的就是前倾型艏,其纵摇稳定性良好,横摇稳定性增强,耐波性也不错,内部空间加大,制造工艺上又相对比较简单,可有效地保护船艏水线以下部分不受海浪冲击(图 2-13)。这样就使得"海九"在风浪中航行时,当浪小的时候,船艏能很好地压住浪,而在海浪比较大的时候,船艏可以直接把浪劈开,保证"海九"可以从容地在大洋中劈波斩浪、踏浪而行了。

图 2-13　"海九"船艏

3

走进"海九"

3.1 通信中心(罗经甲板)

驾驶室顶部甲板是罗经甲板(图 3-1、图 3-2),这里布设着许许多多通信系统的天线、甚高频(VHF[①])、中高频(MF/HF[②]),还有基于卫星系统的 INM-C[③](etc)、INM-FBB[④](F 站)、INM-VSAT[⑤](卫星)。它们有的是信号收集天线,有的是信号发射天线,可以使我们的通信半径达到几百海里甚至几千海里,保证全球无盲区无障碍通信,是驾驶台仪器设备的重要组成部分。有了这些高科技通信系统,我们可以简单高效地实现海上搜救救助。全球海上遇险与安全系统(global maritime distress and safety system,GMDSS),有左、右两个球状天线,它们是"海九"的卫星电视天线和网络通信天线,它们提供的电视信号和卫星通信网络,除了可以像家里的电视一样看电视直播节目并进行储存、回放外,还可以随时随地连接Wi-Fi,畅聊微信、QQ,随时随地看新闻、刷微博,与家人分享航行中的点点滴滴。有了它,孤单枯燥的海上生活变得丰富多彩,极大地丰富了科考队员的业余生活。同时它还可以保障船舶能实时与岸基进行联系,无论是在航海界还是在科学调查领域,它们都发挥着重要的作用。

除了与陆地通信外,船上还有一个神秘的装置——船用黑匣子,它又称船载航行数据记录系统(voyage data recorder,VDR)(图 3-3)。它是一种安装于船上用于记录驾驶台的各种声音、会话、船舶动态、水深信息和机舱主机工作状态等数据的仪器。它的作用类似飞机上的"黑匣子"。在船舶发生海上碰撞或者沉没等事故后能将船舶航行数据完整记录保存,经回收解码后,在特定的 VDR 数据读取设备上,还原再现船舶发生事故前后一段时间内船舶航行状态、驾控人员操作处理情况,可作为事故调查中判断事故发生原因的重要依据和处理海事纠纷的重要证据。根据《国际海上人命安全公约》(International Convention for Safety of Life at Sea,SOLAS)的要求,2002 年 7 月 1 日开始强制要求全球船舶安装船载航行数据记录系统,用来协助分析所有海洋事故发生的原因。

[①] VHF:甚高频通信系统,是指频带 30~300MHz 的无线电电波,主要用于相近船舶之间的语音通信。
[②] MF/HF:中/高频无线电装置,可用来实现船岸间、船舶间中远距离通信。
[③] INM-C:船舶卫星通信 C 站,可发送电传、简单的 e-mail,甚至可以将信息发到陆地的传真机上。
[④] INM-FBB:船舶卫星通信 F 站,可与陆地进行语音通话、传真,甚至视频。
[⑤] INM-VSAT:卫星通信系统。

图 3-1　罗经甲板 1

图 3-2　罗经甲板 2

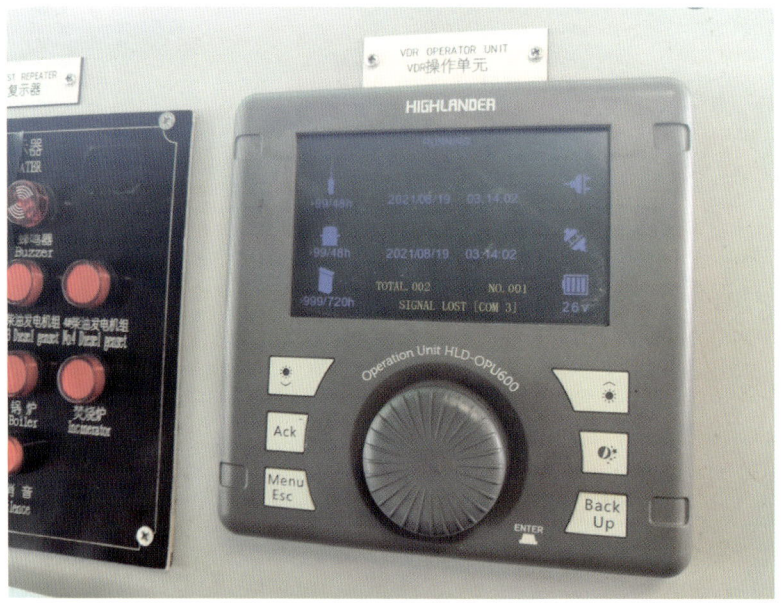

图 3-3　船载航行数据记录仪（VDR）

3.2　指挥中心

  驾驶室是船舶的指挥中心。"海九"的驾驶室是 360°全景驾驶室，视野开阔，能将船外场景一览无余。在驾驶室的前部、左部、右部、后部有 4 个驾控台，各个驾控台分布着各种高精尖航海仪器，无论是在商船界还是科考船界，它们都是世界上比较先进的设备，为"海九"的安全航行提供了强有力的保障。左部驾控台（图 3-4）及右部驾控台（图 3-5）为简易操纵台，可随时与前部驾控台（图 3-6）切换，方便船舶科考时使用。

  后部驾控台（图 3-7）位于驾驶室的后部，在此可以操控船舶，也可以实现 DP 动力定位，满足一些特殊的海上作业需求。DP 动力定位系统（图 3-8），简单地说，就是通过电脑自动操控，只需要几分钟，就可以将航行中的船舶稳稳地停在预定的位置保持不动，是保证科考作业能够顺利开展的重要系统。

 图 3-4 左部驾控台
 图 3-5 右部驾控台

图 3-6 前部驾控台

图 3-7 后部驾控台

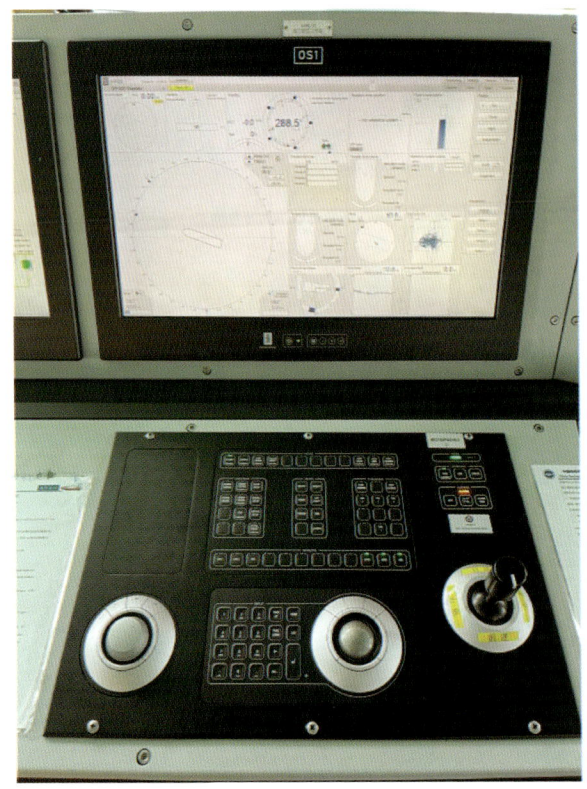

图 3-8 DP 动力定位系统

驾驶室安装有众多仪器设备，早期的船舶使用罗兰系统（人工定位），现在被GPS、北斗（卫星定位系统）取代；早期的纸质海图，现在被ECDIS（电子海图）取代；早期船上打电话联系外界要通过电台来转播，现在船舶都可以通过卫星与家人联系。下面就给大家简单介绍一下驾驶室的仪器。

如图3-9所示是船舶驾控系统的操控面板，在面板上我们可以控制船舶向前进、向后退、加减速，类似于汽车的挡位，也可以控制艏侧推、艉侧推的转速来改变船的航向。"海九"与普通商船不同，普通商船类似于手动挡汽车，"海九"更类似于自动挡汽车，可以更加灵活地控制船速、船位。"海九"在海上无风、无流的情况下速度可以达到15 kn，大约是27.78km/h。这样昼夜行驶，从中国到欧洲也只需要20多天，驾驶着它环游世界，也是很不错的选择哟！

图3-9 船舶驾控系统的操控面板

电子海图类似于手机上的地图软件，是一种先进的助航仪器（图3-10）。传统航海中，必须配备大量纸质海图，来帮助航海人员定位导航，而电子海图可以实现自动设计航线、监测航向、存储本船航迹、快速查询各种信息和实时显示船舶动态等各种功能，有着传统纸质海图无法比拟的优点。电子海图还可以将其他船舶显示在电子海图上，这极大地减轻了航海人员的工作强度，使定位导航更加轻松便捷。

图 3-10　电子海图

如图 3-11 所示,这个长得像汽车方向盘的设备就是"海九"的操舵装置,和汽车的方向盘具有同样的功能,向左转,船身向左摆,向右转,船身就会向另外一侧摆。但驾驶轮船和开车又有着很大的区别,如驾驶轮船时水手一定要把舵控制在某个航向目标度数左右 0.5°的精度内。

C-JOY 可以说是世界上最先进的自动导航设备,它不仅可以实现航迹舵、动力定位功能,也可以结合导航软件,实现船舶自动转向等功能。平常所见的航向舵只能保证船艏向(船头的方向)保持在直线上,受风力、洋流的影响,船实际的运动轨迹会产生较大偏差,而航迹舵可以通过软件计算出风流压差,使真实运动轨迹保持在一条直线或设计好的测线上。C-JOY 还能结合导航软件,设计好既定的路线,让船舶准确无误地行走在航线上,极大地提高了海洋调查作业的精度(图 3-12)。

图 3-11　操舵装置

图 3-12　C-JOY

大家对雷达应该都不陌生，船上的雷达和汽车的倒车雷达有相同的原理，不同的是，船上的雷达功能更强大，相当于"千里眼"。当能见度差或者在漆黑的夜晚时，"海九"如何知道远处是否有影响航行的障碍物呢？大家都知道蝙蝠是通过声波来判断前方是否有障碍物的，雷达也是利用同样的原理，它通过对目标发射电磁波并接收其回波，由此获得目标至电磁波发射点的距离、方位、速度等信息。"海九"配备了两套雷达系统，如图 3-13 和图 3-14 所示是 S 波段雷达和 X 波段雷达，大桅上的天线所扫描到目标的回波通过磁控管变成信号投射到屏幕上，给驾驶员提供了直观的影像，帮助他们判断如何航行，为船舶的安全保驾护航。

图 3-13　S 波段雷达　　　　　　　图 3-14　X 波段雷达

通过自动识别系统(AIS)(图 3-15),我们可以清楚地了解其他船舶的各项信息,如航向、航速、船长、船宽、最近的会遇距离、目的港等信息,通过以上信息来判断其他船舶与我船是否有碰撞危险,从而可以提前采取行动来避免。

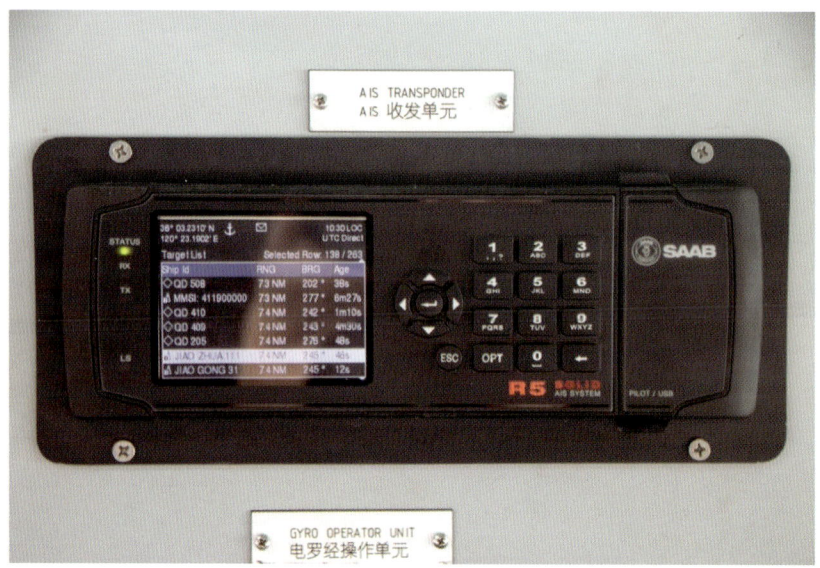

图 3-15　自动识别系统

驾驶台有两部全球定位系统(GPS)(图 3-16)和一台我国自主研发的北斗导航系统,它们可以准确地为船舶提供实时船位、航速和航向等信息,有了这些信息,我们才可以自信地奔向茫茫大洋而不至于迷路。

"海九"上有两部甚高频(VHF)对讲机(图 3-17),它们是船员对外联系的"嘴巴",通过指定的频道联系,可以快速和附近约 20n mile 范围内的船舶、岸台进行

图 3-16　全球定位系统

图 3-17　甚高频对讲机

沟通，及时了解双方的动态，可以避免紧迫局面的发生。

卫星电话（图 3-18）的存在，极大地方便了船上人员与单位及家人的联系。它既可以基于船上的网络通信，也可以在网络通信不佳时，自动切换至通过卫星 F

图 3-18　卫星电话

站进行通信，保证了船岸联系的畅通无阻。

罗经分为磁罗经（图 3-19）和电罗经（图 3-20），是船舶行驶中必不可少的辅助导航设备。磁罗经是借助地球磁场吸引磁针使罗盘指示磁北的指向仪器，是最古老的航海仪器之一，也是现代船舶必备的基本航海仪器。除了磁罗经外，"海九"上还有两台先进的电罗经。它是一种不依赖地球磁场而能准确指示地理意义上的正北方向的仪器，可以精确地测量船舶的航向，指示精度可达 0.1°。

图 3-19　磁罗经

3 走进"海九"

图 3-20 电罗经

气象传真机(图 3-21)是一种传送气象云图和其他气象图表用的传真机,又称天气图传真机,用于气象、军事、航空、航海等部门传送和复制气象图等。气象传真有两种传输方式,利用短波(3~30MHz)的气象无线传真广播和利用有线或无线电路的点对点气象传真广播。气象传真广播台按广播时间表用固定频率发送各类天气实况、分析和预告,供服务范围内的各级气象站接收使用。气象传真广播为单向传输方式,大多数气象传真机只用于接收。

图 3-21 气象传真机

测深仪(图 3-22)是利用超声波在水中传播的物理特性而制成的一种测量船舶富余水深的导航仪器,在情况不明的海域或浅水区航行时,它可以测量水深以确保船舶航行安全,以防船舶触底或者搁浅等事故发生。

图 3-22　测深仪

3.3　动力中心(强有力的"心脏")

如果驾驶室是船舶的大脑,那么机舱就是船舶的心脏。机舱主要包括集控室、发电机舱、推进电机舱、辅机舱、舵机舱等。

3.3.1　集控室

集控室(图 3-23)是轮机工程师的值班场所,"海九"的机舱设计为电力推进 AUT-0 全自动无人机舱,船舶航行时轮机工程师既可以在这里值班,也可以在房间里值班,通过查看分布在各处的仪表及面板,值班人员可以快速了解各种机器设备的温度、压力等信息,也可以通过操作面板实现部分机器设备的自动化功能。一旦机舱有异常会发出声光报警并第一时间自动切换备用设备。

图 3-23　集控室

集控室主要由主控台和主配电板组成。主控台分布以下设备。

(1)全船监控系统(图 3-24):在这里我们可以看到整个机舱各个舱室和船舶上层建筑部分的监控,如果某个舱室有异常情况,轮机员可以迅速查找原因、解决问题。

(2)中央监控报警系统(图 3-25):集控室的核心设备,机舱所有设备异常报警都由这里发出、显示,第一时间自动切换备用设备,以保证船舶正常安全航行。

(3)阀门遥控系统(图 3-26):在这里我们可以看到全船所有液体舱以及液位显示,如压载舱、燃油舱、洗涤水舱、饮用水舱、机器用水舱、污油舱、燃油柜、滑油柜等状况一目了然。通过这个系统,船员可以远程控制与这些舱室相关的泵浦的启停,进行压载舱的调拨,燃油和生活用水的加装和调拨等,满足船舶的正常需要,免去了相关液舱阀门的现场开关和液位测量,大大减轻了船舶管理人员的工作量,而且在使用时有动态图显示,十分简单、明了。

图 3-24　全船监控系统

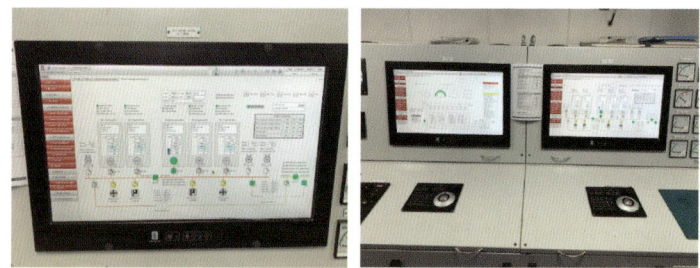

图 3-25　中央监控报警系统

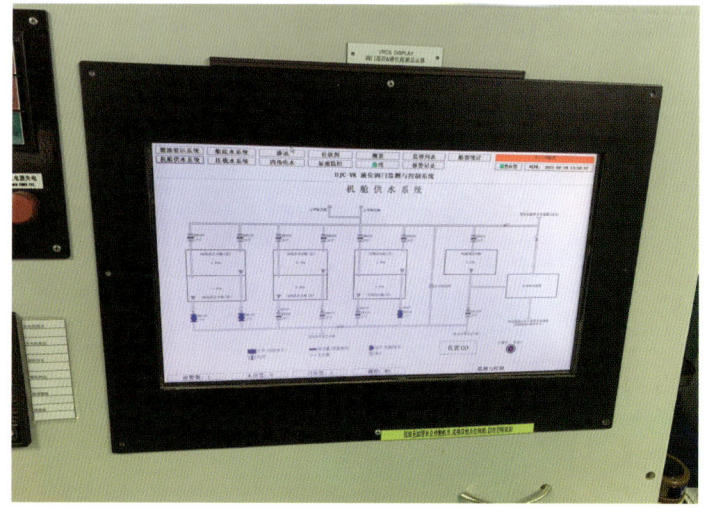

图 3-26　阀门遥控系统

(4)主配电板(图3-27):主配电板是用于控制船舶发电机所发的电力,对船舶上所有用电设备进行配电,并对回路进行通断监视、控制和保护的开关装置与控制装置的组件。"海九"的主电站由4台1710kW的主柴油发电机机组和1台760kW的停泊柴油发电机机组组成,还配备了150kW的应急发电机机组和蓄电池,以保证船舶上诸如通导设备、科考设备等某些重要设备的不间断供电。

图3-27 主配电板

船舶主电站发出的电能通过主配电板给船舶动力设备、科考设备和日常照明设备提供电力。

主配电板对环境要求极高,必须在设定的温度和湿度下才能正常工作,集控室内2台空调就是为它准备的。

主柴油发电机机组和停泊柴油发电机机组均为自动电站,可在机舱集控室启动和应急停车,如果有一台发电机组出现故障,功率管理系统(power management system,PMS)会根据设定程序顺序启动其他备用发电机组,保证船舶航行安全和日常供电。当启动大功率设备比如船舶的艏侧推、艉侧推、震源空压机等时,电站会自动评估富余的功率是否满足要求,若不能,则会命令备用发电机组启动并入主电网后,才会允许该设备接入主电网。这个功能是重载问询。我们的电站系统还有一个功能就是分级卸载,当发电机组过载达到一定值时,电站会自动地逐次分级卸去次要负载(娱乐用电、厨房用电等),以保证发电机组向重要负载(船舶推进系统、科考设备等)连续供电。

3.3.2 发电机舱

发电机舱主要布置了发电机组(图3-28)。发电机,顾名思义,可以通过柴油机的运转带动曲轴在磁场中转动产生690V的电压,通过变压器再转换成船上常用的220V和440V的电压,为船舶动力设备、科考设备和日常照明设备提供电力,是电力推进船舶各机器的核心设备,它为船舶航行提供动力。"海九"配备了世界知名品牌瓦锡兰四冲程9缸直列水冷、涡轮增压主柴油机和4缸直列水冷、涡轮增压停泊柴油机,转速为1000r/min。主柴油发电机机组的柴油发动机、停泊柴油发电机机组的柴油发动机均燃用船用轻柴油,在排放控制区除应急柴油发电机机组的柴油发动机外,均可使用低硫油。其 SO_x、NO_x 排放满足国际海事组织(IMO)对于防止大气污染的相关公约规定,能减少对空气的污染。其各项参数在集控室中央监控报警系统巡回监测,如发现异常,会立即发出报警,并判断是否启动备用机组,保证船舶航行、科考作业正常进行。

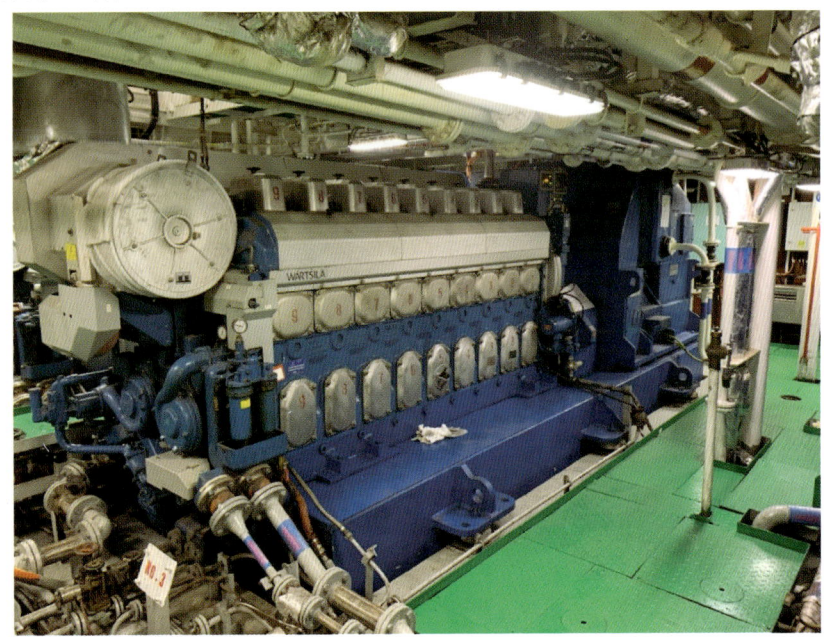

图3-28 发电机舱

3.3.3 推进电机舱

"海九"主推进系统为 2 套电力推进装置,包括 2 台 2400kW 的变频调速推进电机、2 只高弹联轴节、2 台齿轮箱和 2 套可调桨及轴系。推进系统可分别在驾驶室、机舱集控室和推进电机舱进行操纵控制(图 3-29)。

图 3-29 推进电机舱

"海九"推进电机选择的是 ABB 三相异步变频电机,输入电压 675V,额定转速为 1000r/min。根据指令要求,它的转速可以无级调节,有输出功率大、噪声小的特点,是电力推进船的核心设备。

3.3.4 辅机舱

辅机舱主要布置了空调的 3 台冷水机组、压载水处理装置和生活污水处理装置、泵浦等设备。

"海九"是一艘无限航区的科学考察船,足迹遍布全球各个海域,面临着复杂的气象条件和多变的气候条件,且主要用于海洋地球物理勘探,对于振动和噪声的指标要求非常高。为了使科考人员有一个舒适的生活、工作环境,为了保证科考设备正常运行,空调机组的正常工作尤为重要。全船居住区域空调系统采用冷水机组(冬季热源为热水锅炉)+间接式空调器+空调风管+布风器的方式组成。实验区域空调采用独立的中央空调系统。

在驾驶室、厨房、气枪修理室、干湿实验室、通用实验室、地球物理综合工作室、机房、重力仪室等地除设有中央空调外(图3-30),还设有独立柜式空调(图3-31),用于不开启中央空调时使用。

泵浦和陆地上大楼里的水泵是同样的原理,船舶的泵浦泵送的介质不单单是水,还有润滑油、燃油、海水等。

图3-30 空调机组

"海九"配备的环保设备也相当先进。压载水处理装置(图3-32)能有效杀死船舶压载水中含有的大量生物,包括浮游生物、微生物、细菌,甚至是小型鱼类以及各种物种的卵、幼体或孢子,杜绝了船舶压载水的排放所带来的外来海洋生物入侵问题。

图3-31 独立柜式空调

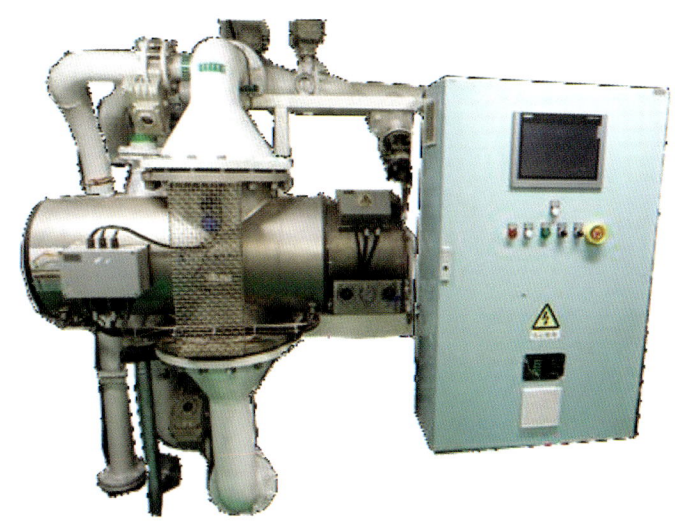

图 3-32　压载水处理装置

生活污水处理装置(图 3-33)主要由 2 台膜法生活污水处理装置组成。每台生活污水处理装置能处理不低于 30 人排放的生活污水量。全船厕所大小便器污水、医务室所有排水均通过管路依重力引至生活污水处理装置,经该装置生化法处理及消毒处理后,排放水污染物在表 3-1 限值内,符合国际海事组织标准后再排到舷外。

图 3-33　生活污水处理装置

表 3-1　船舶生活污水污染物排放限值

序号	污染物项目	限值	污染物排放监控位置
1	五日生化需氧量(BOD_5)(mg/L)	25	生活污水处理装置出水口
2	悬浮物(SS)(mg/L)	35	
3	耐热大肠菌群数(个/L)	1000	
4	化学需氧量(COD_{Cr})(mg/L)	125	
5	pH 值(无量纲)	6～8.5	
6	总氯(总余氯)(mg/L)	<0.5	

3.3.5　舵机舱

舵机舱位于船舶的艉部，里面主要布置了 2 台舵机。

舵机(图 3-34)，是用于控制和操纵舵叶偏转的重要机械设备。要想船舶安全顺利地航行，并且迅速地到达目的地或预定的泊位，除依靠推进电机的推进外，还必须具有良好的操纵性能，即按驾驶人员意愿保持或改变航向的能力。

图 3-34　舵机

"海九"舵机舱配置 160N·m 的转叶式舵机 2 台,每台舵机含 2 台电动油泵机组,且可互为备用。转叶式舵机占地面积小,质量轻,有操纵灵活、性能可靠等特点。在紧急情况下 2 台液压泵站的 4 组泵组也可以同时工作,以提高舵效[①]和船舶操纵性,特别是低航速作业时的船舶操纵性。

3.4 工作中心

工作中心主要包括艇甲板、上甲板和主甲板,船舶用来作业的主要设备和仪器大多集中布置在这三层甲板上。

3.4.1 艇甲板

"海九"的艇甲板被生活区分为了前艇甲板和后艇甲板,前艇甲板也可以作为直升机悬停平台,可以让直升机在此悬停,两边各布设一个伙食吊(图 3-35),科考船靠港期间补给伙食时,用它来吊取伙食。

图 3-35 伙食吊

---

① 舵效:用来描述舵在船舶航行时改变方向的能力,即舵对船舶航向的控制能力。

船头高高竖立的杆子就是前大桅（图 3-36），平时用来放置航行灯，每遇重大节日与活动，前大桅可以作为旗杆，"海九"全体人员就会在此举行庄严肃穆的升国旗仪式。

图 3-36　前大桅

3 走进"海九"

后艇甲板布置了物探艇、救助艇、救生筏、折臂吊等设备。在艇甲板的中间区域可以进行船上人员安全培训、娱乐活动,也是船上进行消防、救生等演习的集合点。

1)物探艇

"海九"物探艇(图 3-37)是从国外引进的设备。在海上进行多道地震作业时,假如部分水鸟[①]或电缆发生故障需要更换时,如果把全部电缆和水鸟收回再更换维修,势必会耽误许多宝贵的作业时间。而通过释放物探艇进行维修是一个简单快捷的办法。作为母船的"海九"这时就可以在下风舷释放物探艇,由专业人员将艇驾驶到发生问题的电缆处,保持与母船同向同速,然后逐渐靠近浮起的电缆,再由科考人员将电缆用排缆器托起,继而进行水鸟的更换,或将电缆部分收到物探艇再重新敷设性能正常的电缆。虽说物探艇较小,仅有不到 10m 长,但"麻雀虽小,五脏俱全",不仅有电子海图、GPS、VHF、SART[②]等通信设备,而且有艏侧推、

图 3-37 "海九"物探艇

---

① 水鸟:一种可以控制电缆在水中姿态的设备。
② SART:搜救雷达应答器,是遇险现场使用的设备,用来近距离确定遇难船舶、救生艇筏及幸存者位置的主要方式。

大功率推进器等设备,在海浪 2m 以下均可以便捷地进行操作,且最大航速可达 20kn,为多道地震作业提供了强有力的后盾支持。

2)救助艇

"海九"的救助艇(图 3-38)是根据《国际海上人命安全公约》而配备的,它是指为救助落水遇险人员及集结救生艇筏而设计的艇。救助艇的材质是刚性的,具有很大的强度,艇上至少能乘载 5 个坐着和 1 个躺在担架上的受伤人员。通常情况下,救助艇里都配备有充足的燃油,并能在救助艇满载乘员和属具时,以 6kn 的航速在海中保持航行至少 4h。由于它的性质是为救助落水人员,所以它在海浪中具有充分的机动性和操纵性。"海九"的救助艇为开敞式的专用救助艇,海上航速一般不小于 20kn,可以在收到人员落水信息时,快速地操纵救助艇来到遇险人员身边进行救助。而艇后部的自动扶正装置,则使得救助艇在发生倾覆时,可以在短时间内自动进行扶正。救助艇的释放也很简单,两人操作就可以快捷地在几分钟内把艇放到水面。艇内属具有艇篙、海锚、防水手电、哨笛、雷达反射器等。

图 3-38 "海九"救助艇

3）救生筏

在"海九"艇甲板的左、右两舷，分别放置着3个白色外壳的救生筏，救生筏是指船上供救生用的无自航能力的舟具（图3-39）。救生筏内备有一定数量的食品和淡水，供乘员在海上漂流待援使用。救生筏按其结构形式可分为刚性救生筏和充气救生筏两类。"海九"的救生筏属于充气救生筏，占用体积较小，可以方便存放。此类救生筏由用橡胶材料制成的上下浮胎提供浮力，以双层防水尼龙布制成帐篷，平时不使用时救生筏体叠起后和属具一起存放在玻璃钢材质的存放筒内，一旦遇到紧急情况需要使用，救生筏释放后，充气装置会自动或手动打开，救生筏体迅速充气，胀成一个带有帐篷的小筏。充气救生筏设计先进、结构紧密、安全性好、移动方便、操作简单、成形迅速，故被广泛地用于海上各类民用和军用船舶。看似简单的救生筏，它却能满足《国际救生设备规则》中相当多的要求。如该救生筏在构造上，能够经受在一切海况下暴露漂浮30d，且救生筏及其属具在从18m高处投放入水后，能够安全正常地使用。"海九"的每个救生筏的额定乘员均是32人，里面还配有遇险登筏后的必要的生存、求救用具，如淡水、食品、求救信号、手电、钓鱼工具等。释放救生筏是所有在船出海人员的必备技能。释放救生筏时，

图3-39 "海九"左舷救生筏

只要打开筏体上的固定装置,保持筏上的头缆系固在筏架上,将筏抛至水面,通过头缆受力,打开充气钢瓶的阀门,使筏自动充气成型漂浮在海面。需要注意的是,如果来不及人为释放救生筏,当筏体存放位置处于水下 4m 左右时,固定筏体上的静水压力释放器就会自动工作,使得固定链钩脱落,筏体自动上浮海面并完成充气,为遇险人员提供逃生的场所。

4)折臂吊

在"海九"的艇甲板靠后位置,还有两个体积庞大、安全工作负荷分别是 5t 和 3t 的折臂吊(图 3-40、图 3-41)。单从形状上看,这两个折臂吊充满了科技感,整体看上去就像是一台庞大的机械臂,随时可以从事较为精巧的工作。实际上,这两台折臂吊不仅可以在操控台进行操作,更多的时候都是由工作人员通过操作一个体积更小的遥控器来进行控制,仅需拨动遥控器的几个手柄,就可以控制折臂吊来回摆动、吊臂打开和上下、吊索的进出,类似于小孩子打游戏用的游戏手柄。两台折臂吊都可以打开吊臂,最长可延伸至 18m,可以轻松地将需要起吊的设备从船舶一舷转移到另一舷,或是从岸上转移到船上。很多时候,都是由工作人员通过操控折臂吊将电视抓斗、取样器等设备在上甲板船尾和艇甲板之间来回吊运,这对海洋科考作业是莫大的帮助。

图 3-40　正在使用的 5t 折臂吊

图 3-41 "海九" 3t 折臂吊

3.4.2 上甲板

上甲板位于船的第三层,这层甲板主要分布有大会议室、餐厅、厨房、吸烟室、科考人员房间、综合地球物理实验室、通用实验室、水鸟间等。在上甲板的后部主要配备了用于多道地震调查的电缆绞车以及存放电缆、水鸟等设备的场所。

大会议室位于上甲板的生活区内,会议室简约整洁,内置独立水冷空调,墙上有一块 89in(1in≈2.54cm)的平板电脑,可与青岛海洋地质研究所进行连线视频会议。

餐厅在大会议室的前面,内有 10 张排列整齐的大餐桌,可同时容纳 50 余人就餐,并配备了 3 台壁挂式电视机,让船员在享用美食的同时,也可以享受视觉的盛宴。

为防止吸烟引起的船舶火灾,"海九"设有专门的吸烟室(图3-42)。为预防火灾和保护船上人员的身体健康,"海九"规定严禁在公共区域、工作场所和房间内吸烟,船上吸烟只允许在特定的区域——吸烟室。吸烟室内有独立空调、冰箱、Wi-Fi等设施。

通用实验室主要处理单波束、多波束、浅地层剖面、测扫声呐、声学多普勒流速剖面仪(ADCP)、重力、磁力等调查数据,利用这些设备可以获取海底地形地貌、地层沉积演化、海水水动力、重力场、磁力场等关键科学数据,为我国海洋区域地质调查提供基础数据。

综合地球物理实验室主要用于二维多道地震数据采集,它包括多道地震采集系统的主控单元、服务器、客户机、操作面板和显示屏等,设备主机安装在恒温恒湿的机柜区,保证设备正常运行,同时也能隔绝噪声和电磁辐射,保证工作人员在综合地球物理实验室能更加舒适地工作。

图3-42 吸烟室

3.4.3 主甲板

主甲板位于船的第二层,分为两个部分,主甲板外部安装有 A 架、枪阵、多道地震头标、艉标等地球物理调查装备。

主甲板内部是工作人员房间、轮机办公室、重力仪室、干湿实验室、娱乐室、冷库、气枪修理室、更衣室等。

4

海上生活

生活是什么?

生活是衣食住行,柴米油盐;生活是酸甜苦辣,五味杂陈。

归根结底,无论哪里的生活,无论怎样的生活,都离不开5个字——吃、喝、拉、撒、睡。

那么海上的生活又是什么样的呢?其实海上生活既简单又复杂,既百无聊赖又充满刺激。美国著名作家劳伦斯·贝尔格林(Laurence Bergreen)在他的著作《黄金、香料与殖民地:转动人类历史的麦哲伦航海史》一书中对船上社会进行了详细的描述,概括起来就是4个字——极端严酷。例如书中说:"在海上,睡觉变成了最奢侈的事情""在海上生活中,害虫无处不在""船员们发现,要保持个人卫生是件很困难的事情""船员们饥饿难忍,只能强忍着咽下这些恶心的、脏兮兮的食物""在天气恶劣的时候,船上根本就没人做饭""在航行过程中,解手是件不快甚至可笑的事情"等。看过这一段描述的人都会对木帆船时代的航海生活产生深刻的印象。历史的车轮滚滚向前,随着时代的进步、社会的发展,现在的船上生活和那时比已经发生了翻天覆地的变化。现在我们以中国地质调查局青岛海洋地质研究所的综合科考船"海九"为例,介绍一下现在的海上生活。

船是移动的国土。"海九"上的生活其实跟陆地上十分相似,但又有所不同。船上一般也是8h工作制,其余时间休息,可以自由安排。不过一旦发生特殊情况,船员要能随时回到工作岗位上,虽说是8h工作制,但是每个岗位上24h都有人员在岗,因为船是24h不间断工作,不分白天和黑夜的,这一点和大部分的陆上工作不一样。因此,在船上每个人的休息时间都是不一样的,每个人的早、中、晚三餐时间也是不一样的。那么"海九"上的生活究竟是什么样的呢?

 4.1 帅气的服装

从"衣"的方面来说,船上不同人员有不同的服装。非工作时间,可以随便穿着便装,下面主要介绍其他场合的服装。

4.1.1 海员礼服

在外交、重大活动、重要节日等场合,高级船员需着船员礼服(图4-1)。船员礼服即是国际海员服,通体黑色,金色纽扣;内着白衬衫、蓝领带,脚穿黑色皮鞋。头戴大檐帽,配航海专用帽徽;肩上扛肩章,区分等级和职务。

驾驶专业的肩章由船锚与横杠组合而成,用横杠的多少来区分职务,四道杠代表船长,三道杠代表大副,二道杠代表二副,一道杠代表三副,普通船员则只有船锚,没有横杠;轮机专业的肩章由三叶螺旋桨与横杠组合而成,也是用横杠的多少来区分职务,四道杠代表轮机长,三道杠代表大管轮,二道杠代表二管轮,一道杠代表三管轮,普通船员则只有螺旋桨,没有横杠(图4-2)。

图4-1 海员礼服

图4-2 肩章

4.1.2 船员制服

高级船员的制服分为春秋制服和夏季制服,春秋制服是长袖白衬衫和蓝色西服裤,夏季制服是短袖白衬衫和蓝色西服裤,制服配套黑色皮鞋,肩章同上。一般来讲,驾驶员在驾驶台值班时要求着船员制服。

4.1.3 工作服

工作人员都拥有自己的工作服。"海九"船员工作服均是长袖连体工作服,主要颜色分为橘红色①(图 4-3)、白色(图 4-4)、蓝色,背后印有中国地质调查局的英文缩写 CGS,胸前及左臂印有中国地质调查局的徽标。一般情况下,橘红色工作服是科考队员工作时的着装,白色工作服是高级船员工作时的着装,蓝色工作服是普通船员工作时的着装。

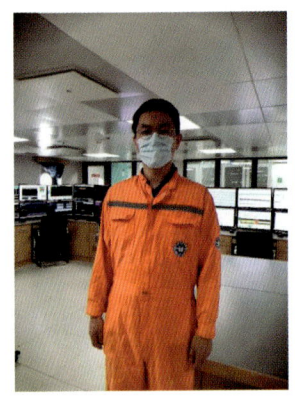 

图 4-3　橘红色工作服　　　　图 4-4　白色工作服

4.1.4 消防服

消防服属于船上的一种应急装备,是在发生火灾时探火员穿着的装备,主要由防火头盔、防火服、防火靴子、空气瓶、消防斧等组成。船舶发生火灾是极其危险的,不同于陆地上有消防队员及时施救,船上火灾只能靠自救。因此船上每月都要举行一次消防演习,这就是消防服展现光芒的时候。一般情况下要求探火员 2min 之内穿好消防服进入火场。消防服穿着如图 4-5 所示。

---

① 研究表明,橘红色在蓝色的大海中是最显眼、最容易被发现的颜色,所以船上有很多橘红色物品,例如船体本身、救生圈、救助艇、工作服等。

4 海上生活

图 4-5 消防服穿着

4.1.5 其他服装

"海九"上还有厨师(图 4-6)、服务员、医生(图 4-7),他们也有自己的工作服。

图 4-6 厨师服

图 4-7 医生工作服

4.2 食为天

俗话说:人是铁,饭是钢,一顿不吃饿得慌。从"食"的角度讲,"海九"可以让你吃得安心、舒心、放心。船上有 3 名厨师和 2 名服务员,拥有多功能厨房和宽敞的餐厅。一般情况下,船上每天都安排 4 顿饭:早餐、午餐、晚餐和夜宵。午餐和晚餐属于正餐,每餐都有 5 菜(4 个热菜和 1 个凉菜)1 汤和至少 1 种水果、1 种饮料,讲究营养均衡、荤素搭配。每个航次的后半段素菜就会减少,尤其是绿色蔬菜,会由一开始的"配菜"摇身一变转变为稀有的"主菜"。

4.2.1 厨房

"海九"的厨房位于第三层的船头左舷位置,面积约有 $30m^2$,分为洗菜区、处理区、备菜区、烹饪区、清洁区等,此外还有独立的面点区、蒸烤区(图 4-8)。

图 4-8 厨房布置图

4.2.2 餐厅

"海九"的餐厅(图 4-9)紧邻厨房,分为大餐厅和小餐厅,大餐厅内有 10 张排列整齐的大餐桌,小餐厅内是一张大圆桌,两个餐厅总共可同时容纳 50 余人就餐。餐厅为自助就餐制,吃多少拿多少,避免浪费。除就餐区外,餐厅还有冰吧,用于存放冰镇饮料、饮料机、咖啡机、烤面包机等自助设备。

图 4-9 餐厅布置图

4.2.3 蔬菜保鲜、食物储存

"海九"船自持力为 60 人 60d,也就是说,长达两个月的海上航行,60 人的伙食全靠出海前船舶自带。我们都知道自己家一般两三天就要采购一次蔬菜,有时候甚至每天都要采购新鲜蔬菜,那么"海九"60d 的伙食是怎样储存的呢?在这里简单介绍一下"海九"的冰鲜存储系统。这个系统就是一个放大版的家用冰箱,有独立的冷冻库,冷冻温度可达-18℃,还有常温库和冷藏库。"海九"的冷库就在厨房和餐厅的下一层,冷库与厨房之间有独立货梯,大大方便了厨师的备菜工作。

4.2.4 水的供应

在海上最不缺的就是海水了,但是对船上生活的人来说,海水既不能饮用又不能洗澡,只能用来冲马桶。在"海九"上为了防止海水腐蚀管路,冲马桶也不使用海水,因此船上生活用水只能是淡水。在船上,除饮用之外,洗脸洗澡、洗菜清洁、冲厕所等都需要水,一般情况下船员每天消耗水量大约是 10t。"海九"的洗涤水舱总容量为 166t,饮用水舱总容量为 110t,每次出海时可以自带 270 多吨淡水。按照正常的消耗速度来计算,自带的淡水支撑不了一个月的时间,这对于一艘自持力 60d 的科考船来说是远远不够的。这时候,海水就要发挥它巨大的作用了。"海九"上装备了两台海水淡化设备,俗称"造水机",它们可以把海水"变"成可以使用的淡水,从而解决船上的用水问题。

4.3 海景房

从"住"的角度来讲,船上的房间全都是"海景房",因为只要透过舷窗就能看到十分漂亮的海景,这对于在陆地上生活的大众来说也算是一种"奢侈"吧。"海九"总共有 39 个房间、60 个铺位,其中有 5 个套间、18 个单人间、11 个双人间和 5 个三人间。

4.3.1 豪华套间

"海九"上的 5 个豪华套间位于起居甲板(船舶第 5 层),船头的 4 间分别是船长房间、轮机长房间、首席房间和第三方房间,右舷尾部套间是大副房间。居住豪华套间的是船舶的"领导层",根据国际公约的要求,他们拥有一定的"特权",比如有专门的服务员为其打扫房间等。

1) 船长房间

船长房间位于右舷船头处,是"海九"上最豪华的房间,含有办公会客室和卧室(图4-10)。

图 4-10　船长房间

船长房间的办公会客室是全船的"指挥中枢",在其办公桌上依次摆放有卫星电话、视频监控系统、雷达电子海图、全船油水管路及存储监控系统、办公电脑、打印机等各种设备,通过这些设备,船长可以及时了解船舶动态,收集气象信息,做好全局统筹。

船长房间的办公会客室是全船的"机要中心",船长房间内除保存有全船的各种文件资料、船舶证书等资料外,还有一个保险柜,专门用于保存船舶备用资金和其他机密资料。

船长房间的办公会客室是全船的"信息中心",这里是全船网络最好的地方,有独立的专用网线直接连接至船长房间,以方便船长收集天气信息、与岸基沟通联系、上网查询相关资料等,同时还能满足与家人联系的需求。

船长房间的办公会客室是船舶的"接待处",在船舶抵靠码头(无论国外还是国内),当有相关管理部门人员上船检查、单位领导上船或是其他合作单位领导上船等,均在这里进行会谈、交流工作。办公会客室除有沙发、茶几外,还有电视、电冰箱、独立空调等设备,保证了房间的舒适度。

船长房间最里面是卧室，配备独立卫生间。卧室里除了一张大床、一套桌椅、衣橱等家具外，还有电视、电话等设备；卫生间配有独立大浴缸，分为淋浴区、马桶区、洗漱区等。

2) 轮机长房间

轮机长房间位于船长房间对面，布局跟船长房间类似，由办公会客室与卧室组成。

轮机长是轮机部的负责人，同时是全船机械设备的总负责人，其房间办公桌上依次摆放有电话、全船油水管路及存储监控系统、机舱设备监控系统等各种设备，通过这些设备，轮机长可以及时了解机舱机器设备的动态，确保"海九"的"心脏"健康运行。

3) 首席房间

首席科学家房间位于轮机长房间之后，房间布局跟轮机长房间类似，只是没有朝向船头的大窗户，不是全景海景房。

首席是科考航次的负责人，负责科考航次整体项目实施，因此首席房间是科考作业的核心及指挥中心。

首席房间的卧室跟船长、轮机长卧室布局一致，除没有电视机外，其他设备配置均一模一样。

4) 第三方房间

第三方房间位于首席房间对面，布局和首席房间一样，是考虑到船舶承担国内其他单位项目或国外项目时为第三方准备的房间。

5) 大副房间

大副房间位于右舷船尾处，与其他4个套间不太一样，大副的套间是由2个单人间合并而成的，外面是办公会客室，里面是卧室。

4.3.2 单人间

船上18个单人间(图4-11)中有9个固定给高级船员和其他特殊船员居住，

其余单人间均分配给科研人员居住。

起居甲板上除了5个套间外,其余均是单人间,虽然面积比较小,但是每个房间内除了床、桌椅、衣橱等家具外,还都有电视机、冰箱、热水器、独立卫生间等基本生活配套设施,为船员提供了舒适便捷的生活环境。

艇甲板上分布着8个单人间,面积比起居甲板的单人间略大,房间内部配置与起居甲板上的单人间相同。这几个单人间固定给高级船员、船医、水手长和机工长等船员居住。其中船头方向的两个单人间可以从船头、船舷两个方向看到海景,是类似于船长和轮机长房间的全景"海景房"单人间。

图 4-11　单人间

4.3.3　双人间

船上总共有11个双人间(图 4-12),分布在艇甲板和上甲板两层。其中艇甲板上8个,上甲板上3个。每个房间内除了床、桌椅、衣橱等家具外,还有电视机、热水器、独立卫生间等基本生活配套设施。

4.3.4　三人间

三人间的床铺是由1个单人床铺和1组高低床铺组成(图 4-13)。船上的5个三人间分布在上甲板和主甲板两层。其中上甲板上2个,主甲板上3个。每个房间内同样除了床、桌椅、衣橱等家具外,还有电视机、热水器、独立卫生间等基本生活配套设施。

图 4-12 双人间

图 4-13 三人间

总之,"海九"上的生活条件十分舒适,这为船员和科考人员安心工作、健康生活提供了有力的保障。

4.4 娱乐与健身

如果说麦哲伦航海时代的海上生活是"极端严酷"的,那么"海九"上的生活可以说是"轻松自在"的。除了"衣""食""住"等基本生存条件已和陆地生活相差无几外,船上还设有健身房和娱乐室,以供船员下班之后锻炼身体和放松身心。

4.4.1 娱乐室

"海九"娱乐室(图 4-14)位于主甲板右舷船头方向,娱乐室内装有一套完整的 KTV 系统,包括氛围灯、闪光灯、音响等,与陆上的 KTV 完全一样。KTV 系统存储了上万首不同类型的新老歌曲,以满足不同爱好者的需求。在这里,劳累了一天的工作人员可以尽情地放声歌唱、放松身心。

娱乐室内还配有一套游戏机系统,喜欢玩游戏的人员也可以在这里通过游戏来放松自我。

图 4-14 娱乐室

4.4.2 健身房

健身房(图 4-15)位于下甲板,从娱乐室对面沿楼梯再下一层即可到达健身房。健身房里有乒乓球桌、跑步机、动感单车、综合推力拉力器等健身器材。船员在工作之余可以到健身房锻炼身体,以达到强身健体、劳逸结合的目的。

图 4-15 健身房

4.4.3 其他

为确保船上人员生活的方便、健康,工作的顺利、高效,"海九"上还有一些其他设施来确保生活、工作的便利。

1)医务室

医务室位于艇甲板船头处,拥有独立的排风系统、排水系统,以及独立的卫生间,也是全船除 4 个套间外唯一一个拥有浴缸的卫生间。

医务室的床和医院病房内的床一样,可以升降调节。

医务室内除了储存一些常用药品外,还配备了心电图、制氧仪等医疗器械,俨然是一个小型医院。

出海调查期间,船上都会配备一名医生。如果船员在海上生病,也可以得到及时诊治。

2)会议室

"海九"大会议室位于上甲板的生活区域内,会议室简约整洁,墙上挂有一块 89 英寸的智能显示器,可与岸上人员进行视频会议连线。

会议室(图 4-16)内布置有实木的长方形会议桌,可同时容纳 30 余人开会及学习交流。

此外,在起居甲板还有一个小会议室,可以召开一些小型会议。

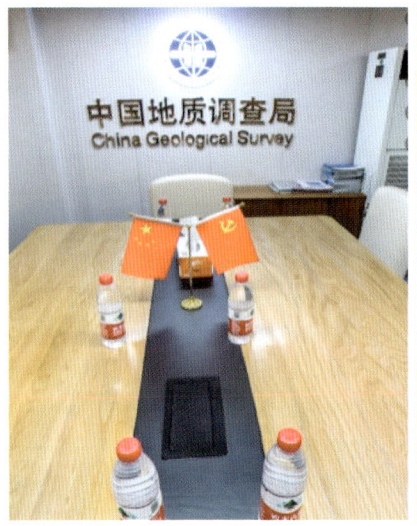 

图 4-16　会议室

3)洗衣房

"海九"洗衣房位于艇甲板,洗衣房内装配有 2 台工业洗衣机和 2 台工业烘干机。此外在起居甲板上也有 1 个小型洗衣房,里面有 2 台洗衣机。其他楼层在公用卫生间内也配有几台家用洗衣机,能够满足全船人员的洗衣要求。

4)逃生走廊

船上生活工作场所和居住房间通过走廊连接,船上走廊长且整洁,走廊顶部及底部非常明亮,墙壁上也贴有应急逃生通道的标志。

4.5　软件设施

船上生活设施除了以上硬件配套外,还有一些软件设施,比如卫星电话、卫星电视、卫星网络等。

4.5.1 卫星电话

卫星电话是一种比较昂贵的通信联系方式,使用时除了繁琐的拨号流程外,其他和陆地上打电话是一样的。由于价格较贵,这种联系方式一般都是在紧急情况下才使用。除了驾驶台外,船长、轮机长、首席、第三方这 4 个套间内也有卫星电话,以备不时之需。

4.5.2 电视节目

船舶航行在茫茫大海上,船员可以通过电视节目消遣时光,获取国内外最新资讯。"海九"的电视节目分为直播和点播。直播节目有 30 余套频道可选,通过卫星传输信号,与陆地上的电视节目保持同步;点播节目是将下载好的电视剧、电影等上传到电视系统中,供船员选择观看。

4.5.3 网络

现代人的生活离不开网络,"海九"生活区内已经实现了 Wi-Fi 全覆盖,在船上工作和生活的人员可以通过网络与家人取得联系,慰藉相思之苦,缓解心理压力。

4.5.4 视频监控

"海九"上安装有 30 余个摄像头,构成了一套全方位、无死角的视频监控系统。这套视频监控系统除了能够辅助外业工作、协助值班外,还能起到防火防盗的作用。

4.5.5 内部电话

船上的每个房间、公共场所以及工作区域都配备了电话,以满足生活和工作中的通话需要。内部通话号码一般是三位数,例如船长房间的号码是301。

4.5.6 全船广播

船上配备的电话除了可以进行内部通话外,还可以用于全船广播,只需要拿起电话连续拨号两个"0"即可。全船广播一般不常使用,除了在火灾、遇险等紧急情况时启用外,一般在演习、临时找人、发布重要通知等情形下使用。

4.6 人文生活

船舶是一个大家庭,出海期间,一般都会有五六十人在一起生活两个月左右。为了缓解出海期间的生活压力,船上经常组织集体活动,如节日期间组织大家包饺子(图4-17)、烧烤(图4-18)、吃火锅等。如有船员或科考队员过生日,船上的厨师会为他准备生日蛋糕和长寿面,大家共同为他庆祝生日。

图4-17 包饺子

图4-18 烧烤

除此之外,每个航次都会举办一些文体活动,比如跳绳比赛、拔河比赛(图4-19)、飞镖竞技(图4-20)、打扑克(图4-21)、下象棋(图4-22)等,让全部参航人员拥有一个轻松愉快的生活环境。

图4-19　拔河比赛　　　　　　　图4-20　飞镖竞技

图4-21　打扑克　　　　　　　　图4-22　下象棋